IL FANTASTICO LIBRO DI RICETTE PER IL CAFFÈ

100 straordinarie ricette per creare magnifici caffè unici e divertenti che stupiranno amici e parenti

JESSICA RIZZO

© COPYRIGHT 2022 TUTTI I DIRITTI RISERVATI

Questo documento ha lo scopo di fornire informazioni esatte e affidabili in merito all'argomento e alla questione trattata. La pubblicazione viene venduta con l'idea che l'editore non è tenuto a prestare servizi contabili, ufficialmente autorizzati o altrimenti qualificati. Se è necessaria una consulenza, legale o professionale, dovrebbe essere ordinata una persona pratica nella professione.

In nessun modo è legale riprodurre, duplicare o trasmettere qualsiasi parte di questo documento con mezzi elettronici o in formato cartaceo. La registrazione di questa pubblicazione è severamente vietata e l'archiviazione di questo documento non è consentita se non previa autorizzazione scritta dell'editore. Tutti i diritti riservati.

Avviso di non responsabilità, le informazioni contenute in questo libro sono vere e complete al meglio delle nostre conoscenze. Tutte le raccomandazioni sono fatte senza garanzia da parte dell'autore o della pubblicazione della storia. L'autore e l'editore declinano ogni responsabilità in relazione all'uso di queste informazioni

Sommario

- INTRODUZIONE 5
- RICETTE DEL CAFFÈ 5
  - 1. Caffè beduino 6
  - 2. Torta dolce al latte e caffè 7
  - 3. Torta al cioccolato e caffè 9
  - 4. Latte invernale al cardamomo e cannella 11
  - 5. Torta al cioccolato e banana 13
  - 6. Caffè Latte 15
  - 7. Caffè al latte fatto in casa 17
  - 8. Caffè irlandese 19
  - 9. Banana con caffè al cioccolato 20
  - 10. Caffè al caramello 22
  - 11. Caffè al latte 24
  - 12. Caffè al cardamomo 25
  - 13. Espresso freddo 27
  - 14. Moka ghiacciata e frullato alla menta 28
  - 15. Caffè al rum con panna 30
  - 16. Ricetta Candy Coffee 32
  - 17. Bavarese al caffè 33
  - 18. Caffè freddo con gelato 35
  - 19. Caffè freddo con cocco e caramello 36
  - 20. Colpo di cappuccino con vaniglia e sale 37
- RICETTE DI TORTE 39
- VEGETARIANO 98

SPUNTINI 150
CONCLUSIONE 186

INTRODUZIONE

Il caffè è una delle bevande più consumate al mattino, dopo i pasti principali, oppure al pomeriggio per accompagnare uno spuntino o semplicemente per tenere a bada il sonno e la pigrizia.

La bevanda ha un effetto termogenico e aiuta con la perdita di peso, oltre a combattere il mal di testa, stimolare il sistema nervoso, aumentare la capacità di apprendimento e persino prevenire malattie come il diabete e l'Alzheimer.

Inoltre, gli appassionati della bevanda saranno lieti di apprendere che tutte le varietà di fagioli possono essere utilizzate sia in piatti dolci che salati e in un'ampia gamma di ricette. Con questo in mente, ho compilato un elenco delle migliori ricette di caffè da provare subito!

RICETTE DEL CAFFÈ

1. Caffè beduino

ingredienti

- 750 ml di acqua
- 2 cucchiaini di cardamomo appena macinato
- 1 cucchiaino di cannella in polvere
- 1/2 cucchiaino di zenzero fresco grattugiato
- 8 cucchiaini di moka appena macinata
- 2 cucchiaini di zucchero

preparazione

1. Per il caffè in stile beduino, metti le spezie e lo zenzero in una casseruola. (La tipica

caffettiera con manico è la migliore per questo.)
2. Aggiungete ora l'acqua e portate a bollore. Riducete la fiamma al minimo e coprite con l'acqua (in modo che non evapori troppa) fate sobbollire per 10 minuti.
3. Aggiurgere la moka e lo zucchero, mescolare una volta e far sobbollire il caffè, coperto, per 5 minuti. Versare in piccole ciotole e servire.

2. Torta dolce al latte e caffè

Ingredienti (impasto)

- 200 grammi di biscotto di amido di mais tritato
- 100 grammi di burro
- ½ tazza di caffè Pimpinela Golden caldo colato
- 1 cucchiaino di lievito chimico

Preparazione

1. Preriscaldare il forno a 180°.
2. Sciogliere il burro nel caffè e incorporarlo gradualmente al biscotto tritato già mescolato al lievito. Foderare un cerchio rimovibile (20 cm di diametro) ad un'altezza di 1/2 cm. Infornare per 30 minuti.
3. Sfornate e aspettate che si raffreddino.

3. Torta al cioccolato e caffè

ingredienti

Torta:

- 1 3/4 tazze di zucchero raffinato
- 2 ½ tazze di farina
- ½ tazza di cacao in polvere 50%
- 1½ cucchiaini di bicarbonato di sodio
- 1½ cucchiaini di lievito chimico
- 1 cucchiaino di sale
- 2 uova grandi, temperatura ambiente
- 1 tazza di latte
- 1 cucchiaino di aceto
- 2 cucchiaini di vaniglia
- 240 ml di caffè ristretto Santa Clara

- 1 tazza di olio vegetale

Tetto:

- 125 g di burro a temperatura ambiente
- 1 tazza di cacao in polvere 50%
- 2 ½ tazze di zucchero a velo
- 2 cucchiai di caffè ristretto
- ½ cucchiaino di vaniglia

Preparazione:

Torta:

1. Scaldare il forno a 200 gradi.
2. Imburrare e spolverare con cacao in polvere (o farina) uno stampo da 33 x 23 cm.
3. In una ciotola capiente unire lo zucchero, la farina, il cacao, il bicarbonato, il lievito e il sale, mescolando bene. Aggiungere le uova, il latte, l'aceto, la vaniglia, il caffè e l'olio. Amalgamare il tutto con un fuet, o con una frusta a mano per 2 minuti. Mettere nella teglia preparata e cuocere per 30-40 minuti, o fino a quando uno stuzzicadenti inserito nel mezzo esce pulito. Lasciare raffreddare per 10 minuti prima di posizionare la copertura.

Tetto:

1. In una casseruola media, sciogliere il burro a fuoco basso. Spegnete il fuoco e aggiungete il cacao. Accendere il fuoco a temperatura media e cuocere fino a quando non inizia a bollire. Spegnere il fuoco e aggiungere lo zucchero, il caffè e la vaniglia. Mescolare bene con un fuet. Lascia raffreddare la glassa per 10 minuti finché non si addensa un po'. Spalmare immediatamente sopra la torta all'interno della tortiera. Non lasciare che la glassa si raffreddi troppo o renderà difficile stenderla sulla torta.

4. Latte invernale al cardamomo e cannella

ingredienti

- 1 lattina/e di latte di cocco (in alternativa panna montata vegana)
- 6 baccelli di cardamomo
- 2 stecca/e di cannella
- 160 ml di caffè
- 100 ml di latte di mandorle (o di avena)
- Cannella (macinata, per spolverare)

preparazione

2. Per il latte invernale al cardamomo e cannella, metti prima il latte di cocco in frigorifero per una notte.
3. Il giorno dopo, tirate fuori dal frigorifero il latte di cocco, togliete la crema di cocco indurita dal barattolo e con attenzione, senza mescolarla al liquido, versatela in una ciotola ben fredda. Mescolare con una frusta a mano fino a ottenere una crema.
4. Metti i baccelli di cardamomo e le stecche di cannella in una tazza grande e versaci sopra il caffè appena fatto.
5. Riscaldare il latte sul fuoco a un livello basso.

6. Setacciate le capsule di cardamomo e la cannella, dividete il caffè in due tazzine e poi mescolate con il latte caldo.
7. Versare da 2 a 3 cucchiai di crema di cocco in ciascuna delle tazze e cospargere il latte invernale al cardamomo e cannella con la cannella.

5. Torta al cioccolato e banana

ingredienti

- 2 banane (molto mature)
- 250 ml di latte scremato
- 300 g di farina integrale

- 1 cucchiaino di lievito in polvere
- 1 lattina di sale
- 50 g di cioccolato fondente
- 150 grammi di zucchero **preparazione**

1. Preriscaldare il forno a 160°C.
2. Per la torta di banana al cioccolato, separare le uova e frullare le banane con il latte ei tuorli. Setacciare la farina con il lievito e il sale.
3. Grattugiare e unire il cioccolato fondente, quindi la banana schiacciata.
4. Montare gli albumi a neve e incorporare lo zucchero. Lascia che l'albume scivoli sulla pastella di banana e incorpora con cura.
5. Foderare la teglia con carta da forno e aggiungere il composto.
6. Cuocete la torta banana al cioccolato in forno preriscaldato a 160°C per una buona ora.

6. Caffè Latte

ingredienti

- 150 ml di latte intero (3,5%)
- 1 espresso **preparazione**

1. Per il Caffè Latte, scaldare il latte in un montalatte elettrico e montarlo. Versare in un bicchiere alto. Lascia scorrere l'espresso direttamente nel bicchiere oppure, se il bicchiere non entra sotto la macchina, versalo nel bicchiere aiutandoti con il dorso di un cucchiaio. Questo crea i tipici 3 strati!
2. Servire il caffè latte con un pezzo di cioccolato fondente o un biscotto (cantucci).

7. Caffè al latte fatto in casa

Ingrediente

- Caffè - 9 chicchi
- Acqua - 30 ml
- Latte grasso (3,5%, fatto in casa) - 150 ml
- Zucchero a piacere **preparazione**

1. Macinare i chicchi di caffè in un macinacaffè.
2. Versare il caffè appena macinato in un turco, versare acqua fredda.

3. Mettere il tacchino a fuoco basso, cuocere fino a quando la schiuma inizia a salire.
4. Non appena la schiuma inizia a salire, togliere il caffè dal fuoco.
5. Scaldare il latte, ma non farlo bollire! Il latte dovrebbe essere riscaldato (circa 80 gradi).
6. Sbattere il latte fino a ottenere una schiuma ariosa.
7. Versare metà del latte in un bicchiere da latte.
8. Filtrare il caffè con un colino in un bicchiere. Versare l'espresso nel bicchiere con un filo sottile lungo il lato del bicchiere.
9. Metti sopra la schiuma di latte preparata. Metti una cannuccia in un bicchiere con un drink. Il caffè al latte fatto in casa è pronto.

8. Caffè irlandese

ingredienti

- 100 ml di whisky irlandese
- 4 tazze di caffè caldo
- 3 cucchiai di zucchero di canna
- 100 g di panna montata
- zucchero grezzo per guarnire

preparazione

1. Scaldare bene il caffè, il whisky e lo zucchero mescolando e sciogliere lo zucchero, quindi versare in bicchieri di vetro preriscaldati.

2. Montare leggermente la panna e servire come cappa sul caffè, spolverizzata con un po' di zucchero di canna.

9. Banana con caffè al cioccolato

ingredienti

- 2 cucchiai di succo di limone
- 1 cucchiaio di zucchero
- 1 pizzico di polpa di vaniglia
- 1 banana
- 2 cucchiai di sciroppo di cioccolato
- 400 ml di caffè caldo appena fatto
- 150 ml di latte
- cacao in polvere per spolverare

Fasi di preparazione

1. Portare a bollore il succo di limone con lo zucchero, la vaniglia e 100 ml di acqua in una casseruola. Sbucciare e tagliare a cubetti la banana. Versate nella casseruola, fate sobbollire per 1-2 minuti e togliete dal fuoco. Lasciar raffreddare leggermente, quindi versare in 4 bicchieri.
2. Mescolare lo sciroppo con il caffè e versare con cura sulle banane tranne 2 cucchiai. Scaldare il resto del caffè con il latte e mescolare fino a ottenere una schiuma. Versare sopra il caffè e servire spolverato con un po' di cacao.

10. Caffè al caramello

ingredienti

- 2 datteri (Medjool; senza nocciolo)
- 1 pizzico di vaniglia in polvere
- 150 ml di latte (3,5% di grassi)
- 400 ml di caffè appena fatto

Fasi di preparazione

1. Frullate finemente i datteri con 2 cucchiai d'acqua e la vaniglia. (A causa della piccola quantità, funziona meglio con un frullatore a immersione in un bicchiere che ha un

diametro leggermente più grande della parte superiore del frullatore a immersione.)
2. Metti metà della purea di datteri attraverso un piccolo colino nel bicchiere e versa il caffè appena fatto nel bicchiere. Fai lo stesso con il resto della purea di datteri.
3. Scaldare il latte in una piccola lattiera e montarlo con un pannarello fino a renderlo spumoso. Spalmare sul caramello al caffè e servire subito.

11. Caffè al latte

ingredienti

- 250 ml di caffè
- 250 ml di latte (1,5% di grassi)

Fasi di preparazione

1. Portare a bollore il caffè, scaldare il latte e montare con il mini quirl. Dividere il caffè in 4 tazzine, versare il latte e mettere sulla schiuma con un cucchiaio.

12. Caffè al cardamomo

ingredienti

- 200 ml di latte intero
- 1 baccello di cardamomo
- 1 cacao in polvere
- 400 ml di caffè appena fatto
- Zucchero a piacere

Fasi di preparazione

2. Scaldare il latte con la capsula di cardamomo pressata e il cacao e lasciarlo in infusione per circa 10 minuti. Filtrare con un colino e

distribuire metà del caffè tra le tazzine. Mescolare il resto con un montalatte e versare sul caffè.
3. Servire e addolcire a piacere.

13. Espresso freddo

ingredienti

- 40 ml di espresso
- 4° cubetti di ghiaccio
- 60 ml di latte condensato (7,5% di grassi)

Fasi di preparazione

1. Preparare l'espresso secondo le istruzioni sulla confezione. Mettilo subito al freddo per circa 30 minuti.
2. Metti dei cubetti di ghiaccio in un bicchiere e versaci sopra l'espresso freddo.

3. Versare lentamente il latte condensato nel bicchiere aiutandosi con un cucchiaio e servire subito.

14. Moka ghiacciata e frullato alla menta

ingredienti

- 600 ml di espresso forte
- Zucchero (150g
- cioccolato alla menta per guarnire
- sciroppo di cioccolato alla menta qb

Fasi di preparazione

1. Sciogliere lo zucchero nell'espresso caldo. Lasciare raffreddare il caffè, quindi riporlo

in freezer e mescolare energicamente per 23 ore circa. Ogni 20 minuti. Se il liquido è costituito quasi interamente da cristalli di ghiaccio, frullare una volta con il frullatore a immersione o in un frullatore.
2. Condire a piacere con sciroppo di cioccolato alla menta. Versare la granita in 4 coppette di vetro e servire guarnendo con cioccolato alla menta

15. Caffè al rum con panna

ingredienti

- 25 g caffè macinato grosso (4 cucchiaini)
- 150 ml di panna montata
- 4 pezzi di zollette di zucchero a piacere
- 160 ml di rum marrone
- scaglie di cioccolato per spolverare

Fasi di preparazione

1. Portare a ebollizione 600 ml di acqua, versare la polvere di caffè in una caraffa preriscaldata e riempire con l'acqua. Lasciare in infusione per 5 minuti.

2. Montare la panna fino a renderla spumosa. Sciacquare i bicchieri con acqua calda, aggiungere 1-2 zollette di zucchero con 4 cl di rum, versare il caffè attraverso un colino a maglia molto fine e mettere un po' di crema su ogni parte superiore. Servire cosparso di scaglie di cioccolato.

16. Ricetta Candy Coffee

Ingredienti della Ricetta Candy Coffee:

- 20g di sciroppo di cioccolato
- 20 g di latte condensato
- 150 ml di caffè Santa Clara appena fatto

Mescolate il tutto e buon appetito!

17. Bavarese al caffè

Ingredienti per la bavarese al caffè

- 1 cucchiaio di caffè istantaneo
- 1 tazza di ghiaccio tritato
- 1 cucchiaio di cacao in polvere (o Chocolatto)
- ½ tazza di latte
- 25 ml di gelatina non aromatizzata sciolta in 1 cucchiaio di acqua tiepida
- 4 tuorli
- 1 cucchiaio di zucchero
- 1 tazza di tè alla crema

Come fare la ricetta bavarese della crema al caffè

1. In un frullatore mettete il caffè, la gelatina, il latte e sbattete fino a far sciogliere tutto.
2. Aggiungere il cacao/cioccolato, lo zucchero, sbattere ancora.
3. Infine unire la panna, i tuorli e il ghiaccio tritato. Tocca di nuovo. Mettere nei bicchieri e mettere in frigo per 2 ore.

   Servire con frutti di bosco.

18. Caffè freddo con gelato

ingredienti

- 1 ghiacciolo al cocco bruciato
- 200 ml di caffè freddo con latte 3 cuori.

Modalità di preparazione

1. Frullate il caffè in un frullatore con il ghiacciolo al cocco bruciato.
2. Mettere in un bicchiere di milkshake e servire subito.

19. Caffè freddo con cocco e caramello

ingredienti

- 1 cucchiaino di Pimpernel Solubile
- 50 ml di acqua calda
- 100 ml di latte di cocco
- 50 ml di latte
- 50 ml di acqua di cocco
- 1 cucchiaino di zucchero (può essere zucchero di cocco)
- Sciroppo al caramello
- panna montata

Preparazione

1. Preparare il caffè solubile con 50 ml di acqua calda. Aspetta che si raffreddi. Mettilo in una vaschetta per cubetti di ghiaccio, insieme all'acqua di cocco e lascialo raffreddare.
2. Quando è sotto forma di ghiaccio, frullare in un frullatore con il latte, il latte di cocco e lo zucchero. Mettere in un bicchiere e coprire con panna montata e salsa al caramello.

20. Colpo di cappuccino con vaniglia e sale

ingredienti

- 1 pallina di gelato alla vaniglia di buona qualità (molto grande)
- 2 cucchiai di Cappuccino Classico 3 Cuori
- 1 cucchiaino di sale rosa dell'Himalaya (tenere da parte $\frac{1}{2}$ cucchiaio da cospargere sopra)

Preparazione

1. Frullate in un frullatore il gelato, il cappuccino e mezzo misurino di sale.
2. Mettere nei calici e congelare per 2 ore. Al momento di servire cospargete con il sale rimasto.

RICETTE DI TORTE

21. Brownie al caffè e cocco

Ingredienti:

- 1 scatola di mix pronti per brownies
- 3 uova
- 1/3 di tazza di olio vegetale
- 60 ml di caffè ristretto
- 200 g di cocco grattugiato
- 1 tazza di mandorle tostate
- ¼ cucchiaino di estratto di mandorle
- 1 lattina di latte condensato

- Copertura al cioccolato

Preparazione:

1. Preriscaldare il forno a 180 C. In una ciotola mettere il composto pronto per i brownies, le uova, il caffè e l'olio vegetale e mescolare fino a quando non saranno ben amalgamati. Mettere il composto in una teglia unta e infornare per 20 minuti o fino a quando uno stuzzicadenti inserito al centro esce quasi pulito.
2. Mentre i brownies cuociono in forno, mescolare il cocco, le mandorle, l'estratto e il latte condensato fino a quando non saranno ben incorporati. Quando i brownies saranno al punto giusto, estraeteli dal forno e spalmateci sopra con cura la miscela di cocco. Rimettete la forma in forno per altri 15 minuti.
3. Lasciare raffreddare per 1 ora e guarnire con glassa al cioccolato.

22. Torta di frutta candita

Ingredienti:

- 1 1/3 tazza (tè) di frutta secca candita ammollata in 1 tazza di cachaça
- 2/3 tazza di zucchero di canna
- 7 cucchiai di burro in bottiglia
- 1 tazza di latte
- 1 uovo sbattuto
- 2 tazza di farina di frumento
- 1 cucchiaio di lievito per dolci
- 1 cucchiaino di zenzero grattugiato
- 1 cucchiaino e cannella in polvere

Preparazione

1. In una padella mettete la frutta secca, il burro, lo zucchero e il latte. Scaldare a fuoco basso fino a quando il burro e lo zucchero si sciolgono. Riserva. In una ciotola mescolate la farina, il lievito e le spezie. Fate un buco al centro e aggiungete il composto di frutta secca. Metti l'uovo sbattuto. Amalgamare bene il tutto con una spatola di silicone.
2. Mettere in una tortiera inglese imburrata e cuocere in forno preriscaldato a 180 gradi per circa 50 minuti.

23. Cupcake al caffè di Natale

ingredienti

- 1 tazza di farina di frumento
- 1/2 tazza di zucchero
- 1 tazza di cacao in polvere
- 1 cucchiaino di lievito chimico
- 1/2 cucchiaino di bicarbonato di sodio
- 1 cucchiaino di caffè solubile Pimpinela
- 2 cucchiaini di cannella in polvere
- 1/4 di cucchiaino di chiodi di garofano in polvere
- 1/2 cucchiaino di zenzero in polvere
- 1/2 cucchiaino di sale
- 1/2 tazza di latte
- 1/4 tazza di olio vegetale
- 1 uovo grande
- 1/2 cucchiaino di essenza di vaniglia □ 1 tazza di acqua molto calda.

Preparazione

1. Preriscaldare il fuoco a 180 gradi. Metti gli stampini per cupcake nella padella.
2. In una ciotola mettete la farina, lo zucchero, il cacao, il bicarbonato, il lievito chimico, i chiodi di garofano, la cannella, lo zenzero e il caffè. Amalgamare bene e mettere da parte.

In un mixer mettete l'olio, l'uovo, il latte e la vaniglia. Aggiungere gli ingredienti secchi messi da parte e sbattere a velocità media finché non si saranno ben amalgamati. Aggiungere l'acqua calda e sbattere ad alta velocità per un altro minuto per aerare. Dividete l'impasto in modo uniforme negli stampini e infornate per 20 minuti, o fino a quando infilate uno stuzzicadenti e non esce asciutto.

24. Torta di manioca con caffè e cocco

ingredienti

- 3 tazze di manioca cruda (manioca) in un robot da cucina

- 3 tazze di tè allo zucchero
- 3 cucchiai di burro
- tazza di caffè Santa Clara colato
- tazza di latte
- 3 albumi d'uovo
- 3 gemme
- ½ tazza di parmigiano grattugiato
- 100 grammi di cocco grattugiato
- 1 cucchiaio di lievito per dolci
- 1 pizzico di sale

Preparazione

1. Mettere la manioca nel frullatore, metterla in un canovaccio, strizzarla bene e scartare il latte. Stendere l'impasto in uno stampo e mettere da parte. In un mixer elettrico, sbattere lo zucchero e il burro. Quando sarà biancastro, aggiungete i tuorli, il formaggio grattugiato, il caffè e il latte. Sbattere fino a quando tutti gli ingredienti sono ben incorporati. Aggiungere la massa di manioca e il cocco. Mescolare con una spatola. Infine il lievito e gli albumi a neve, mescolando con una spatola. Infornare in una teglia unta a scelta in forno preriscaldato a 180 gradi per

circa 40 minuti o fino a quando la superficie non sarà dorata.

25. Banana con caffè al cioccolato

ingredienti

- 2 cucchiai di succo di limone
- 1 cucchiaio di zucchero
- 1 pizzico di polpa di vaniglia
- 1 banana
- 2 cucchiai di sciroppo di cioccolato
- 400 ml di caffè caldo appena fatto
- 150 ml di latte
- cacao in polvere per spolverare

Fasi di preparazione

1. Portare a bollore il succo di limone con lo zucchero, la vaniglia e 100 ml di acqua in una casseruola. Sbucciare e tagliare a cubetti la banana. Versate nella casseruola, fate sobbollire per 1-2 minuti e togliete dal fuoco. Lasciar raffreddare leggermente, quindi versare in 4 bicchieri.
2. Mescolare lo sciroppo con il caffè e versare con cura sulle banane tranne 2 cucchiai. Scaldare il resto del caffè con il latte e mescolare fino a ottenere una schiuma. Versare sopra il caffè e servire spolverato con un po' di cacao.

26. Ricetta Brownie al caffè

ingredienti

- ¾ tazza di cioccolato in polvere
- 1 ½ tazza di zucchero
- 1 cucchiaino di sale
- 1 ½ tazza di farina
- ¼ tazza di caffè Pimpernel colato
- 1 cucchiaino di caffè solubile Pimpinella
- 1 tazza di gocce di cioccolato
- 4 uova sbattute
- 1 cucchiaio di vaniglia
- ½ tazza di olio vegetale
- Noci tritate
- fragola glassata tritata

preparazione

1. Preriscaldare il forno a 160 gradi
2. In una ciotola capiente mescolate bene tutti gli ingredienti secchi.
3. Aggiurgere gli ingredienti liquidi e le uova sbattute e le gocce di cioccolato.
4. Ungete con carta da forno una tortiera grande (20x20 cm).
5. Cuocere a 160° per 30 minuti o fino a quando la media non si è rappresa
6. Raffreddare prima di servire.

27. Torta di fichi caramellati al caffè

ingredienti

- 60 g di zucchero di canna integrale
- 3 cucchiai di zucchero semolato (per cospargere i fichi)
- 10 fichi bio (freschi)
- 4 uova ruspanti (tuorli e albumi separati)
- 2 cucchiai di caffè in grani istantaneo
- 90 g di farina integrale
- 1 cucchiaino di bicarbonato di sodio

preparazione

1. Per la torta di fichi caramellati al caffè, lavare i fichi, tagliarli a metà per il lungo,

spolverizzare con lo zucchero semolato e disporre i frutti con la parte piatta verso il basso sul fondo della teglia.

2. In una ciotola sbattere i tuorli con lo zucchero di canna intero fino a renderli spumosi. A parte, mescolare la farina con il caffè e il bicarbonato e incorporare gradualmente il tutto al composto di uova.

3. Infine montate a neve gli albumi e mescolateli con l'impasto. Incorporare qualche cucchiaio di neve per sciogliere il composto, quindi utilizzare una spatola di gomma per incorporare la neve rimanente nell'impasto con movimenti circolari.

4. Versare il composto sui fichi nella teglia e cuocere per 25-30 minuti. La torta è pronta quando l'impasto non rimane più attaccato ad uno stuzzicadenti che vi è stato inserito al momento dell'estrazione.

5. Sformare la torta di fichi caramellati al caffè finita e girarla subito (altrimenti il caramello si attaccherà alla teglia!). Un dolce succoso.

28. Muffin al caffè

ingredienti

- 3 pezzi di uova
- 180 ml di olio vegetale
- 120 ml di caffè forte (raffreddato)
- 1 cucchiaino di polpa di vaniglia
- 240 ml di latticello
- 210 g di farina
- 170 g di farina integrale
- 25 g di cacao in polvere
- 210 g di zucchero di canna
- 1/2 cucchiaino di lievito per dolci
- 1 cucchiaino di bicarbonato di sodio

- 1/2 cucchiaino di sale
- 100 g di balena o noci pecan (tritate)
- 170 g gocce di cioccolato **preparazione**

1. Per i muffin alla moka, preriscaldare il forno a 190 gradi e posizionare gli stampini di carta nella teglia per muffin.
2. Mescolate in una ciotola le uova, il latticello, l'olio, l caffè e la polpa di vaniglia.
3. In una seconda ciotola, unire la farina, il cacao, lo zucchero, il lievito, il bicarbonato e il sale. Quindi aggiungere le noci e le gocce di cioccolato.
4. Usando una spatola, incorporare con cura gli ingredienti umidi nella miscela di farina.
5. Versare l'impasto negli stampini di carta e cuocere i muffin alla moka per circa 20-25 minuti. Lasciare raffreddare i muffin prima di mangiarli.

29. Torta al caffè semplice

ingredienti

- 150 g di burro (fuso)
- 200 g di zucchero
- 1 uovo
- 250 ml caffè (nero)
- 400 g di farina (liscia)
- 1 bustina di lievito per dolci
- 1 bustina di zucchero vanigliato
- un po' di scorza di limone (a piacere)

preparazione

1. In una grande ciotola, mescolare il burro riscaldato, lo zucchero e l'uovo fino a

renderlo spumoso. Incorporate poi la farina mischiata con il lievito, lo zucchero vanigliato, la scorza di limone e il caffè.
2. Versare l'impasto in una teglia unta o foderata di carta da forno (scatola, ciambellone o tortiera, o teglia, a piacere).
3. Infornare a ca. 175°C (forno ventilato) per almeno 45 minuti, poi controllare ed eventualmente cuocere per altri 10 minuti.

30. Cupcake al tiramisù

ingredienti

- 1 tazza/e di liquore (o caffè/latte zuccherato, per ammollo)

Per le tartellette:

- 200 g di farina
- 1 cucchiaino di lievito per dolci
- 1/2 cucchiaino di sale
- 2 uova
- 60 ml caffè (nero)
- 1 bottiglia/e di aroma di rum (circa 2 ml)
- 100 g di zucchero

Per la crema al mascarpone:

- 2 uova (separate)
- 5 cucchiai di zucchero
- 1 bustina di zucchero vanigliato
- 300 g di mascarpone **preparazione**

1. Per le tartellette, preriscaldare il forno a 180°C e riempire uno stampo da muffin con pirottini di carta.
2. Separare le uova e mescolare bene i tuorli con il caffè, l'aroma di rum e 50 g di zucchero. Montare gli albumi a neve ben ferma e unire al resto dello zucchero.
3. Mescolare bene la farina, il lievito e il sale in una ciotola. Mescolare lentamente questa miscela di farina, sale e lievito nella miscela di tuorli e caffè. Incorporare gli albumi.

4. Versate l'impasto negli stampini e infornate per circa 20-25 minuti.
5. Per la crema, mescolare i tuorli con lo zucchero e sbattere fino a renderli spumosi. Montare gli albumi a neve. Incorporare il mascarpone al composto di uova e incorporare gli albumi. Mettiamo in frigo per circa 1 ora!
6. Sfornare i cupcakes, immergerli nel liquore (o caffè zuccherato) e lasciarli raffreddare su una gratella.
7. Tirate fuori la crema dal frigo e decorate con essa i cupcakes raffreddati.

31. Ravioli alle arachidi

Ingredienti per il biscotto:

- 2 tazze di farina di frumento setacciata
- 1 cucchiaio di lievito per dolci
- $\frac{1}{2}$ tazza di arachidi tostate non salate
- $\frac{1}{2}$ tazza di zucchero
- 5 cucchiai di burro
- 1 uovo sbattuto
- $\frac{1}{2}$ tazza di caffè extra forte 3 cuori
- tazza di latte

Per la copertura:

- $\frac{1}{4}$ tazza di farina di frumento setacciata
- 1 cucchiaio di burro
- $\frac{1}{4}$ tazza di arachidi tostate non salate
- 1 cucchiaino di Caffè Solubile 3 Cuori
- 1 $\frac{1}{2}$ cucchiaio di zucchero di canna

Preparazione

1. In una ciotola mescolate la farina, il lievito, le arachidi e lo zucchero. Aggiungete il burro e, con una forchetta, fate incorporare gli ingredienti secchi.
2. In un altro recipiente sbattete l'uovo e aggiungete il latte e il caffè. Aggiungi

delicatamente questa miscela agli ingredienti secchi. Distribuire l'impasto negli stampini e preparare la copertura. Mescolare la farina e il burro fino a ottenere una consistenza granulosa. Aggiungere le arachidi, il caffè e lo zucchero e mescolare delicatamente con una spatola. Cospargere questo condimento sopra gli gnocchi. Cuocere in forno preriscaldato a 200 gradi per 20-25 minuti.

32. Muffin al caffè irlandese

ingredienti

- 1 cucchiaino di caffè
- 400 g di latticello

- 130 g di farina (liscia)
- 130 g di farina (pratica)
- 1 bustina di lievito per dolci
- 1 pizzico di bicarbonato di sodio
- 80 g di noci (tritate)
- 130 g di zucchero (marrone)
- 1 uovo
- 70 ml di olio vegetale
- 40 ml di whisky
- 12 pirottini di carta

preparazione

1. Sciogliere il caffè nel latticello.
2. In una seconda ciotola, mescolare la farina, il lievito, il bicarbonato e le noci tritate.
3. Quindi aggiungere l'uovo sbattuto, lo zucchero, l'olio e il whisky al composto di latticello.
4. Quindi aggiungere il composto di farina.
5. Adagiate gli stampini di carta da forno nella teglia per muffin e riempite con l'impasto (potete anche mettere una mezza noce sulla pastella).
6. Mettere i muffin in forno preriscaldato (160 °C, forno ventilato) per circa 20 minuti.

33. Torta alla banana con caffè

ingredienti

- 4 banane nane grandi e molto mature
- 1 tazza (tè) di pangrattato
- 1 tazza (tè) di zucchero
- 4 uova
- 3/4 tazza di olio di girasole o di mais
- 100 g di noci brasiliane tritate
- 1 cucchiaio di 3 Caffè Gourmet
- 1 cucchiaio (dolce) di lievito chimico

Preparazione

1. In un frullatore, sbattere le banane con le uova e l'olio. Aggiungere la farina, lo zucchero e il caffè, continuando a sbattere.

2. Aggiungere le castagne e il lievito, mescolando delicatamente. Cuocere in uno stampo imburrato in forno a 180°C per 40 minuti circa.

34. Torta gelato con Supreme Coffee Espresso Tres

ingredienti

- 1 tazza (caffè) di caffè forte
- Fette di Colomba (½ colomba)
- gelato quanto basta
- 1 capsula di TRES Supreme Espresso Coffee (o il tuo preferito)
- 150 grammi di cioccolato fondente da sciogliere
- 2 cucchiai di panna acida

Metodo di preparazione

1. Foderare una tortiera con pellicola trasparente. Metti uno strato di gelato.
2. Aggiungere le fette di colomba. Cospargete con il caffè ristretto. Aggiungere il gelato, poi la colomba, annaffiando successivamente con il caffè fino alla fine della teglia.
Mettere in freezer per 1 ora.
3. Preparare la ganache aggiungendo il cioccolato fuso, l'espresso e la panna. Coprire la torta con la ganache prima di servire.

35. Pan di Spagna

ingredienti

- 1/2 litro di latte
- 15 g di budino alla vaniglia in polvere
- 1 tuorlo d'uovo
- 5 g di zucchero
- 12 giorni Rama
- 12 giorni Koketta
- 2 pz. savoiardi
- Caffè (freddo mescolato con un goccio di rum)

preparazione

1. Per il pan di spagna, portare ad ebollizione il latte, il budino alla vaniglia in polvere, il tuorlo d'uovo e lo zucchero, mescolando continuamente.
2. Mettere il Rama e la Koketta nel mixing glass e aggiungere subito il composto bollito e ancora caldo nel mixing glass. Mescolare al livello più alto per 2 minuti. Ora lasciate riposare il composto in frigorifero per 12 ore.
3. Montare la panna con una frusta a mano.
4. Immergete i savoiardi in una miscela di caffè-rum e fate uno strato alternato con la panna montata nella tortiera.
5. Decorate a piacere il pan di spagna con panna montata e fragole.

36. Muffin al caffè istantaneo

ingredienti

- 4 tuorli
- 4 albumi d'uovo
- 3 ½ cucchiai di zucchero
- 2 ½ cucchiai di amido di mais
- 1 misurino (dolce) di Caffè Solubile 3 Cuori Tradizionale
- 4 cucchiai di cocco grattugiato
- 4 cucchiai di cioccolato granulato

Metodo di preparazione

1. Sbattere i tuorli con lo zucchero fino a renderli bianchi.

2. Aggiungere gradualmente l'amido di mais, il caffè istantaneo, il cioccolato e il cocco.
3. Togliete dalle fruste elettriche e montate delicatamente gli albumi.
4. Cuocere in stampini singoli imburrati per 30 minuti a 180°C. Dopo la tostatura, cospargere di zucchero a velo.

37. Torta al caffè con latte

ingredienti

- 1 capsula di TRES Caffè con Latte
- 3 uova
- 4 banane molto mature
- 2 tazze di fiocchi d'avena
- 1 bicchiere di albicocca tritata
- 1/2 tazza di noci tritate
- 1/2 tazza di uvetta
- 1/2 tazza di prugna nera tritata
- 1 cucchiaio di lievito

Ingrediente

1. In una ciotola, unire avena, noci, albicocche, uvetta e prugne.
2. Sbattere le uova con le banane in un frullatore. Aggiungere il caffè con il latte.
3. Mettere il lievito con gli ingredienti secchi nella ciotola e mescolare bene.
4. Aggiungete le banane sbattute con le uova, mescolate bene e mettete il tutto in una tortiera inglese unta a cuocere in forno preriscaldato (180°C) fino a doratura. Se vi piace, spolverizzate di zucchero a velo o cannella.

38. Torta di zucchine con caffè espresso

ingredienti

- 320 g di zucchero
- 300 g di farina di frumento
- 100 g di farina di mandorle
- ½ cucchiaino di bicarbonato di sodio
- 1 ½ cucchiaio di lievito in polvere
- 500 g di zucchine grattugiate
- 3 uova
- ½ cucchiaio di estratto di vaniglia
- 2 cucchiaini di cannella in polvere
- ½ cucchiaino di noce moscata
- 1 cucchiaino di zenzero grattugiato

-
-
-
-
- ½ cucchiaino di sale
- 200 ml di olio di colza o di mais
- 50 ml di Espresso Ameno TRES
- 150 g di zucchero a velo
- 150 g di zucchero normale

Preparazione

1. In un mixer aggiungete l'olio, lo zucchero, le uova e la vaniglia. Sbattere ad alta velocità fino a quando il composto diventa biancastro (circa 10 minuti).
2. Nel frattempo, in una ciotola, mescolare la farina, la cannella, la noce moscata, lo zenzero, il sale e il bicarbonato. Mescolare bene. Aggiungi il contenuto al mixer.
   Sbattere per 15 minuti, o fino a che liscio.
3. Fuori dal mixer aggiungete le zucchine e il lievito, mescolando bene ma delicatamente. Adagiate il tutto su una teglia a fondo removibile unta con burro e farina. Mettere in forno a 190°C per circa 50 minuti.
4. Unire i due zuccheri in una ciotola e adagiare il caffè espresso delicato già freddo.
   Mescolate bene fino a formare una glassa.

5. Mettere sulla torta finita mentre è ancora calda. Servire con un cucchiaio di panna montata.

39. Brownie al burro di arachidi e caffè

ingredienti

- 250 g di cioccolato fondente fuso
- 1 cucchiaio di caffè istantaneo Santa Clara
- 1 cucchiaio di burro in unguento
- 3 uova
- 1 tazza di zucchero
- ¾ tazza di farina di frumento ben setacciata
- 1 cucchiaino di essenza di vaniglia

-
-
-
-
- ½ tazza di burro di arachidi
- 1 cucchiaio di burro in unguento
- 2 cucchiai di zucchero
- 1 questo
- 1 cucchiaio di farina di frumento

Preparazione

1. In una ciotola mescolate il cioccolato fuso e il caffè solubile con la pasta di burro. Aggiungere le uova, lo zucchero, l'essenza di vaniglia e mescolare bene.
2. Infine incorporare la farina di frumento, amalgamandola bene. Riserva.
3. Mescolare il burro di arachidi con burro, uova, zucchero e farina. Assicurati che sia una pasta molto liscia.
4. In uno stampo imburrato, versare l'impasto nell'impasto, mescolando il cioccolato con le arachidi.
5. Con un cucchiaio o una forchetta, avvicinare una griglia all'altra per un effetto marmorizzato. Cuocere in forno preriscaldato (180°C) per 25-30 minuti.

40. Torta di crema di formaggio espresso alla

nocciola

ingredienti

Per la crosta di noci:

- 300 g di granella di nocciola
- 60 g di burro
- 100 g di zucchero ☐ 1 cucchiaio di miele liquido ☐ Per il ripieno:
- 500 gRicotta (crema)
- 200 g di formaggio spalmabile (impostazione doppia panna)
- 2 cucchiai di farina

- ☐
- ☐
- ☐
- ☐
- 2 uova (M)
  125 g di zucchero
  1 bustina di zucchero vanigliato
  1 cucchiaino di cannella in polvere
  60 ml di caffè espresso (raffreddato)

preparazione

1. Per la crosta di noci della torta di crema di formaggio espresso alla nocciola, preriscaldare il forno a 200° (ventilato 180°). Mettere i gherigli di nocciole su una teglia e arrostire in forno (al centro) per 610 minuti fino a quando le bucce si spezzano e diventano nere. Sfornare, adagiare su un canovaccio e strofinare con la buccia. Abbassare il forno a 180° (convezione 160°).
2. Foderare il fondo e il bordo della teglia con carta da forno. Lasciare raffreddare i gherigli di nocciole per circa 30 minuti.
3. Tritare grossolanamente 2 cucchiai di noci e mettere da parte.
4. Sciogliere il burro, unire lo zucchero e il miele e lasciar raffreddare leggermente. Macinare finemente le noci rimanenti nel

tritatutto e incorporarle al composto di burro. Versate il composto di noci nello stampo e distribuitelo sul fondo e sui bordi con un cucchiaio. Quindi raffreddare lo stampo con il composto.

5. Per il ripieno, mescolare la ricotta e la crema di formaggio con la frusta a mano fino a ottenere un composto omogeneo.

   Incorporare la farina, quindi incorporare gradualmente le uova fino a ottenere un composto liscio. Mescolare lo zucchero, lo zucchero vanigliato, la cannella in polvere e l'espresso.

6. Stendere il ripieno sulla base di pasta. Cuocere in forno (al centro) per 35-40 minuti. La torta è pronta quando "trema" leggermente quando si tocca il centro della tortiera. Sformare la torta e lasciarla raffreddare per diverse ore su una gratella.

7. Prima di servire, sformate la torta di crema di formaggio espresso alla nocciola dallo stampo e cospargetela con le nocciole messe da parte.

41. Torta di farro al cioccolato

ingredienti

Impasto:

- 300 g di farina di farro
- 200 g di mandorle (macinate)
- 150 grammi di zucchero
- 1/2 confezione di lievito per dolci
- 4 uova
- 1 tazza/e di caffè (freddo)

Copertura:

- 180 g di burro
- 150 g di cioccolato fondente

- 1 pizzico di sale **preparazione**

1. Per la torta di farro al cioccolato, mescolare a secco la farina di farro, le mandorle tritate, lo zucchero e il lievito. Quindi sbattere le uova e la tazza di caffè fredda, mescolare con gli altri ingredienti e stendere la pastella leggermente liquida su una teglia.
   Infornare a 200°C per circa 20 minuti.
2. Fate raffreddare la torta al cioccolato di farro e ricoprite con la copertura fondente.
3. Cospargere con tanto amore.

42. Torta allo yogurt

ingredienti

- 4 uova
- 300-400 g di farina
- 1 tazza di yogurt
- 200-300 g di zucchero a velo
- 100 - 200 g di burro (se possibile a dadini)
- Marmellata (da spalmare)
- 1 pizzico di sale (niente sale marino altrimenti troppo salato)
- 1 bustina di lievito per dolci
- 1 bustina di zucchero vanigliato

preparazione

1. Per la torta allo yogurt, separate le uova e montate a neve gli albumi (non dimenticate il pizzico di sale). Sciogliere il burro.
2. Unite il burro fuso, lo zucchero a velo, lo zucchero vanigliato e il lievito per dolci ai tuorli e mescolate.
3. Incorporare alternativamente gli albumi montati a neve, la farina e il vasetto di yogurt, in modo sciolto e delicato.
4. Spennellate una teglia a vostra scelta con un po' di burro e farina (la torta poi si toglierà facilmente dopo la cottura). Versate

l'impasto nello stampo e infornate a 200 - 220°C.

5. Dopo la cottura e il raffreddamento, tagliare a metà la torta allo yogurt e spalmarla con la marmellata.

43. Torta a papavero Flower Power

ingredienti

Per una tortiera da 25 cm:

- 6 uova
- 200 g di semi grigi (grattugiati)
- 100 g mandorle (grattugiate) ☐ 50 g cioccolato (grattugiato)

- 80 g di zucchero di canna
- 250 g di burro (morbido)
- 1 cucchiaio di zucchero vanigliato
- 1 pc. Arancia (solo la buccia)
- 1/2 limone (solo la buccia)
- 1 pizzico di sale magico Sonnentor (fino)
- Crema di ribes nero (o simile)

Smalto:

- 250 g di zucchero a velo
- 2 cucchiai di acqua
- 2 cucchiai di succo di limone
- Miscela di fiori di spezie Flower Power

preparazione

1. Per la torta di papavero Flower Power, separare le uova nei tuorli e, chiare, mescolare i semi di papavero con le mandorle e il cioccolato.
2. Mescolate il burro con lo zucchero a velo, un pizzico di sale, lo zucchero vanigliato, la scorza di arancia e limone fino ad ottenere una schiuma. Unire gradualmente i tuorli e mescolare bene fino a renderli spumosi.

3. Montare l'albume con lo zucchero grezzo di canna sulla neve cremosa e incorporarlo al composto di burro alternandolo al composto di semi di papavero, mandorle e cioccolato.
4. Versare il composto in uno stampo a cerniera imburrato e infarinato, infornare a 160°C per ca. 50 minuti, sformate dallo stampo dopo averlo fatto raffreddare e capovolgetelo su un piatto.
5. Frullate la crema di frutta, passatela al setaccio, scaldatela e spalmatela sottilmente sopra e tutto intorno alla torta.
6. Per la glassa, mescolare gli ingredienti in una massa liscia e densa. Mescolare i fiori di spezie Flower Power e glassare la torta.

44. torta di ciliegie

ingredienti

Per l'impasto:

- 200 g di burro
- 200 g di zucchero a velo
- 200 g di farina
- 40 g di amido di mais
- 5 uova
- 1 bustina di zucchero vanigliato

Per la lamiera:

- 400 g di ciliegie

preparazione

1. Lavate, scolate e private del torsolo le ciliegie.
2. Preriscaldare il forno a 180°C aria calda. Foderare la teglia con carta da forno.
3. Separare le uova e montare gli albumi a neve. Per fare questo, sbattere l'albume fino a farlo diventare bianco e poi unire metà della quantità di zucchero.
4. Mescolare il burro, lo zucchero rimasto, il tuorlo e lo zucchero vanigliato fino a ottenere un composto spumoso.
5. Setacciare la farina e la maizena insieme in modo che non ci siano buchi nella torta di ciliegie.
6. Mescolare l'uovo-zucchero-neve alternativamente con la miscela di farina nella massa del tuorlo.
7. Stendete l'impasto sulla carta da forno e ricoprite con le ciliegie.
8. Infornare la torta di ciliegie per circa 15-20 minuti, lasciarla raffreddare, aggiungere lo zucchero se lo si desidera e tagliarla a pezzi di qualsiasi dimensione.

45. Torta al cioccolato e arancia con stevia

ingredienti

- 4 pezzi. proprietario
- 30 g di succo d'agave
- 20 g di panna acida
- 4 cucchiaini di granuli di stevia
- 1 1/2 cucchiaini di cannella in polvere
- 1 cucchiaino di vaniglia Bourbon in polvere
- 1 pizzico di chiodi di garofano in polvere
- 2 cucchiai di rum

- 1 pc. Arancia (succo e scorza)
- 90 g di latte di cocco
- 3 cucchiai di latte (o latte di soia)

90 g di farina di farro integrale
- 35 g mandorle (macinate)
- 2 cucchiai di cacao
- 10 g di briciole integrali (pangrattato)
- 1 confezione di lievito per tartaro

preparazione

1. Per la torta al cioccolato e arancia, separare le uova e mettere da parte l'albume.
2. Mescolare il tuorlo (tuorlo d'uovo), lo sciroppo d'agave, la panna, la stevia, la cannella, la vaniglia, i chiodi di garofano, il rum e la scorza d'arancia fino ad ottenere un composto omogeneo.
3. Mescolare il latte di cocco, il latte e il succo d'arancia in una ciotola e aggiungere.
4. Quando si esegue questa operazione, impostare il frullatore su un livello basso, poiché la massa è molto liquida.
5. Mescolare insieme la farina, le mandorle, il cacao, il pangrattato (pangrattato) e il lievito.
6. Mescolare con la massa.
7. Incorporare gli albumi montati a neve, riempire lo stampo e cuocere in forno preriscaldato a 180°C per 40/45 minuti.

46. Torta di semi di zucca con crema al rum

ingredienti

Per la torta di semi di zucca:

- 8 pz. Tuorli d'uovo
- 200 g di zucchero semolato
- 8 g di pangrattato
- 200 g di semi di zucca (macinati)
- 1 bustina di zucchero vanigliato
- 2 cucchiai di rum
- 8 pezzi di albume d'uovo
- Burro e farina (per la teglia)

Per la crema al rum:

200 ml di panna montata
- 4 cl di liquore all'uovo
- 1 bicchierino di rum
- 1 cucchiaino di zucchero vanigliato

preparazione

1. Per la torta di semi di zucca, sbattere il tuorlo con 1/3 dello zucchero semolato, un pizzico di sale e lo zucchero vanigliato fino a renderlo molto spumoso.
2. Mescolare i semi di zucca della Stiria macinati finemente, la farina, il rum e il pangrattato e la farina alternandoli con l'albume, che viene sbattuto con il restante zucchero a neve.
3. Foderare il fondo di una tortiera di media grandezza con carta da forno, imburrare il bordo e spolverare di farina.
4. Versare il composto della torta e infornare a 170°C per circa 40 minuti fino a doratura.
5. Per la crema al rum, montare la panna montata fino a renderla semi-rigida, mescolare leggermente il liquore all'uovo, il rum e 1 cucchiaino di zucchero vanigliato e versarne un cucchiaio sui pezzi di torta.

47. Muffin caffè-nocciole-cioccolato

ingredienti

- 280 g Mehl
- 210 g di zucchero
- 3 uova
- 2 confezioni di zucchero vanigliato
- 150 g di burro (fuso)
- 50 ml Latte
- 150 ml di caffè (kalt)
- 1 baccello di vaniglia (la polpa)
- 4 cucchiai di nocciole (grattugiate)

☐ 2 cucchiai di cioccolato al latte (grattugiato)

preparazione

1. Per i muffin al caffè, nocciole e cioccolato, preriscaldare il forno a 150 gradi. Ungete lo stampo da muffin con il burro e spolverate con la farina. Oppure foderate con piccoli pirottini di carta per muffin.
2. Mescolare lo zucchero, lo zucchero vanigliato, la polpa di un baccello di vaniglia e le 4 uova fino ad ottenere un composto spumoso. Mescolare la farina, il lievito, le noci e il cioccolato.
3. Sciogliere e mantecare con il burro. Incorporare il latte e il caffè. Infine incorporare il composto di uova e zucchero.
4. I muffin cioccolato caffè-nocciola in forno cuociono in forno per 25-30 minuti a 180 gradi.

48. Torta veloce al caffè con noci

ingredienti

- 4 uova
- 1 pizzico di sale
- 100 g di noci (grattugiate finemente)
- 1 bustina di polvere di caffè freddo (20 g)
- 2 cucchiai di zucchero a velo
- 1 bicchierino di rum alla ciliegia
- 1 tazza di panna montata

preparazione

1. Per la torta veloce al caffè con noci, separare prima le uova. Montare a neve gli albumi con un pizzico di sale. Sbattere i

tuorli e lo zucchero a velo fino a renderli spumosi.
2. Unire al composto di tuorli la polvere di caffè ghiacciato, le noci grattugiate e il rum alla ciliegia. Incorporare gli albumi e stendere il composto in uno stampo a cerniera (diametro 20 cm) unto e infarinato.
3. Servire con panna montata e noci grattugiate grossolanamente. Infornare a ca. 170°C.

49. Ciambella alle noci

ingredienti

- 200 g di burro
- 250 grammi di zucchero
- 1 bustina di zucchero vanigliato
- 5 tuorli
- 1 pizzico di cannella
- 180 g nocciole (grattugiate o noci)
- 120 g di farina (pratica)
- 3 cucchiaini di lievito per dolci
- 5 pezzi di albume d'uovo

- 100 g cioccolato (tritato finemente)

preparazione

1. Per il ciambellone alle noci, sbattere il burro fino a renderlo spumoso e aggiungere gradualmente lo zucchero, lo zucchero vanigliato, il tuorlo, la cannella, le noci e la farina mescolata con il lievito.
2. Montare gli albumi a neve ferma. Sollevare il cioccolato tritato sotto la neve e piegare questa massa nell'impasto. Mettere il composto in una forma ben unta e sbriciolata.
3. Infornare ad aria calda a 180°C per circa 45 minuti. Lasciar riposare in forno spento per 5 minuti prima di sfornare.
4. Fate raffreddare e spolverizzate di zucchero.

50. Ciambellone con ricotta e nutella

ingredienti

- 5 uova
- 300 g di farina
- 100 g di zucchero
- 250 g di ricotta
- 200 g di burro (morbido)
- 200 g Nutella
- 100 g cioccolato (da sciogliere)
- 1 cucchiaio Nutella (da sciogliere)
- 200 g di cioccolato

preparazione

1. Imburrare uno stampo a ciambella e cospargere di zucchero.
2. Separare le uova, sbattere i tuorli con lo zucchero fino a renderli spumosi, montare gli albumi a neve ferma.
3. Sciogliere la Nutella con il burro e il cioccolato e unirla al tuorlo e alla massa di zucchero insieme alla ricotta e alla farina setacciata, incorporare gli albumi, riempire la tortiera Gugelhupf e cuocere a 160°C per 45 minuti circa.
4. Lascia riposare il Gugelhupf per 5 minuti prima di girarlo.
5. Mentre il Gugelhupf riposa, sciogliere il cioccolato rimasto e la Nutella.
6. Guarnire il Gugelhupf di cagliata alla Nutella tiepida con il cioccolato liquido e servire idealmente tiepido.

VEGETARIANO

51. Caffè e frullato di banana

ingredienti

- 400 ml di caffè (caldo, forte)
- 2 cucchiai di zucchero
- 2 banane (pezzi grandi)
- 1/2 bacca di vaniglia (polpa)
- 2 cucchiai di mandorle (macinate finemente)
- 2 cucchiaini di sciroppo d'acero
- 6 cubetti di ghiaccio
- Fiocchi di cocco (per la guarnizione)

Preparazione

1. Per il frullato caffè-banana, mescolare prima il caffè con lo zucchero finché non si sarà

sciolto. Raffreddare in frigorifero per almeno 30 minuti.
2. Purea di caffè, banane, vaniglia, mandorle e sciroppo in un frullatore a immersione. Aggiungere i cubetti di ghiaccio e mescolare fino a quando non saranno tritati grossolanamente.
3. Versare lo shake caffè-banana in due bicchieri da long drink e guarnire con scaglie di cocco.

52. Torta di fichi caramellati al caffè

ingredienti

- 60 g di zucchero di canna integrale
- 3 cucchiai di zucchero semolato (per cospargere i fichi)

- 10 fichi bio (freschi)
- 4 uova ruspanti (tuorli e albumi separati)
- 2 cucchiai di caffè in grani istantaneo
- 90 g di farina integrale
- 1 cucchiaino di bicarbonato di sodio

Preparazione

1. Per la torta di fichi caramellati al caffè, lavare i fichi, tagliarli a metà per il lungo, spolverizzare con lo zucchero semolato e disporre i frutti con la parte piatta verso il basso sul fondo della teglia.
2. In una ciotola sbattere i tuorli con lo zucchero di canna intero fino a renderli spumosi. A parte, mescolare la farina con il caffè e il bicarbonato e incorporare gradualmente il tutto al composto di uova.
3. Infine montate a neve gli albumi e mescolateli con l'impasto. Incorporare qualche cucchiaio di neve per sciogliere il composto, quindi utilizzare una spatola di gomma per incorporare la neve rimanente nell'impasto con movimenti circolari.
4. Versare il composto sui fichi nella teglia e cuocere per 25-30 minuti. La torta è pronta quando l'impasto non rimane più attaccato ad

uno stuzzicadenti che vi è stato inserito al momento dell'estrazione.
5. Sfornare la torta di fichi caramellata al caffè finita e girarla subito (altrimenti il caramello si attaccherà alla teglia!). Un dolce succoso.

53. Avocado con estratto di caffè

ingredienti

- 2 pezzi di avocado
- 2 cucchiai di zucchero Farin
- 1 bicchierino di cognac
- Estratto di caffè
- Noce moscata, grattugiata)

Preparazione

1. Per 'avocado con estratto di caffè, sbucciare gli avocado e con un mixer fare la polpa, lo zucchero e il cognac.
2. Dividetelo in 4 ciotole, versateci sopra una spruzzata di estratto di caffè e cospargete il mus con la noce moscata.

54. Budino di cantuccini con salsa al caffè

ingredienti

- 100 g di cantuccini
- 50 g amaretto
- 85 g di burro (morbido)
- 35 g di zucchero
- 3 uova)
- 35 g di zucchero
- 1 cucchiaino di burro (morbido) ☐ 2 cucchiai di zucchero ☐ Per la salsa:
- 250 ml di panna montata
- 50 grammi di zucchero
- 2 cucchiai di caffè istantaneo in polvere
- 1 pz tuorlo

Preparazione

1. Per il budino di cantuccini con salsa al caffè, tritare molto finemente i cantuccini e gli amaretti nel coppapasta. Mescolare il burro con lo zucchero fino a renderlo spumoso. Separare le uova, incorporare alla spuma i tuorli con gli amaretti cantuccini tritati e montare a neve ferma l'albume. Spolverare con 35 g di zucchero, continuare a sbattere fino a quando il composto non avrà una bella lucentezza e incorporarlo al composto di schiuma.

2. Imburrare gli stampini e cospargerli di zucchero, versarvi il composto, posizionare gli stampini nella teglia profonda, riempire la teglia fino a 3/4 circa di altezza con acqua calda e cuocere il budino in forno. Portare a bollore la panna montata e lo zucchero, lasciar riposare a fuoco basso per 15 minuti, filtrare.

3. Sbattere la polvere di caffè e il tuorlo, unire la panna calda, riportare a bollore, ma non far bollire più, lasciare raffreddare. Per servire capovolgere il budino su un piatto e versarvi sopra la salsa al caffè, spolverizzare i cantuccini con salsa al caffè con zucchero a

velo se vi piace e guarnire con chicchi di caffè e cuori di panna.

55. Glassa di albume al caffè

ingredienti

- 30 g di albume (pastorizzato, corrisponde a 1 albume)
- 200 g di zucchero a velo (setacciato finemente, un po' di più se necessario)
- 30 ml di rum
- 1 cucchiaino di caffè in polvere (sciolto in 10 ml di acqua)

Preparazione

1. Mettere l'albume con lo zucchero in un contenitore e sbattere fino a ottenere un composto sodo e spumoso.
2. Unire il caffè sciolto in polvere e il rum.
3. Riscaldare un po' la glassa di albume prima di applicarla. Eventualmente sciogliere al suo interno altri 10 g di olio di cocco.

56. Caffè Dalgona

ingredienti

- 8 cucchiaini di caffè istantaneo
- 8 cucchiaini di zucchero
- 8 cucchiaini di acqua (calda)
- 100 ml di latte
- Polvere di cacao

Preparazione

1. In una ciotola mescolate con una frusta il caffè solubile, lo zucchero e l'acqua calda.
2. Sbattere per 3 o 4 minuti fino ad ottenere una consistenza cremosa.

3. Metti i cubetti di ghiaccio tritato in un bicchiere, versaci sopra il latte.
4. Versare la massa cremosa di caffè sul latte, affinare con un po' di cacao in polvere sulla testa.
5. Mescolare una volta e gustare.

57. Caffè alla banana

ingredienti

- 2 banane (mature)
- 1 spruzzata di succo di limone
- 2 cucchiaini di sciroppo d'acero
- 1/2 cucchiaino di cannella
- 4 espressi (doppio)

Preparazione

1. Per il caffè alla banana, prima sbucciare e schiacciare le banane. Mescolare con succo di limone, sciroppo d'acero e cannella.

Dividere le banane in 4 bicchierini piccoli e resistenti al calore.
2. Preparare l'espresso e aggiungere un doppio espresso a ciascuna miscela di banana (se necessario, addolcire prima a piacere).
3. Servite il caffè alla banana spolverato con un pizzico di cannella.

58. Caffè che scalda l'anima

ingredienti

- 500 ml di caffè (caldo, forte)
- 1 stella di anice
- 5 baccelli di cardamomo (verdi)
- 75 g zucchero di canna (marrone)
- 80 ml di rum
- Panna montata (montata)

Preparazione

1. Per il caffè più caldo dell'anima, spremere prima i baccelli di cardamomo in un mortaio in modo che i semi si separino. Questo può essere fatto anche manualmente aprendo

semplicemente le capsule ed estraendo i semi. Usa anche le ciotole, contengono molto aroma.
2. Aggiungere l'anice stellato e il cardamomo al caffè appena fatto e lasciare in infusione per 20 minuti. Sforzo.
3. Dolcificare con lo zucchero e mescolare finché non si sarà sciolto.
4. Quindi portate di nuovo a bollore, togliete dal fuoco e aggiungete il rum.
5. Servi il caffè più caldo dell'anima con il cappuccio.

59. Gelato al caffè e semi di papavero con ciliegie marinate

ingredienti

- 1 pc. Gelato al caffè
- 1 pezzo di gelato ai semi di papavero Per le ciliegie:
- 200 g di ciliegie (denocciolate)
- 100 ml Zweigelt
- 50 g di aceto balsamico
- 1 baccello di vaniglia (porridge)
- 1 stecca di cannella Per la decorazione:
- 1 barretta/e di cioccolato
- 100 ml di panna montata

Preparazione

1. Portare a bollore il vino rosso con lo zucchero, la polpa di vaniglia, la cannella e l'aceto. Quindi metteteci dentro le ciliegie e fate bollire ancora brevemente, togliete dal fuoco e fate raffreddare le ciliegie nel liquido.
2. Grattugiare il cioccolato a striscioline larghe con una grattugia, montare la panna montata fino a renderla soda.
3. Distribuire le ciliegie nelle coppette da dessert, adagiare sopra il gelato e guarnire con la panna e il cioccolato.

60. Gelato al caffè al cioccolato Vistola con frutti di bosco marinati

ingredienti

- 1 pezzo di gelato acido
- 1 pezzo di gelato al cioccolato
- 1 pc. Gelato al caffè
- 1 cucchiaio di anacardi

Per le bacche:

- 100 g frutti di bosco (misti, ad es. mirtilli, more, ribes, fragole, lamponi)
- 4 cucchiai di sciroppo di fiori di sambuco

- 1 cucchiaino di succo di limone
- 10 foglie di menta

Preparazione

1. Condire i frutti di bosco con lo sciroppo, la menta e il succo di limone tagliato a listarelle fini.
2. Tritare grossolanamente gli anacardi.
3. Disponete il gelato in una ciotola e guarnite con i frutti di bosco, le noci tritate e la menta fresca.

61. Latte invernale al cardamomo e cannella

ingredienti

- 1 lattina/e di latte di cocco (in alternativa panna montata vegana)
- 6 baccelli di cardamomo
- 2 stecca/e di cannella
- 160 ml di caffè
- 100 ml di latte di mandorle (o di avena)
- Cannella (macinata, per spolverare)

Preparazione

1. Per il latte invernale al cardamomo e cannella, metti prima il latte di cocco in frigorifero per una notte.
2. Il giorno dopo, tirate fuori dal frigorifero il latte di cocco, togliete la crema di cocco indurita dal barattolo e con attenzione, senza mescolarla al liquido, versatela in una ciotola ben fredda. Mescolare con una frusta a mano fino a ottenere una crema.
3. Metti i baccelli di cardamomo e le stecche di cannella in una tazza grande e versaci sopra il caffè appena fatto.
4. Riscaldare il latte sul fuoco a un livello basso.
5. Setacciate le capsule di cardamomo e la cannella, dividete il caffè in due tazzine e poi mescolate con il latte caldo.
6. Versare da 2 a 3 cucchiai di crema di cocco in ciascuna delle tazze e cospargere il latte invernale al cardamomo e cannella con la cannella.

62. Sognare caffè con Stevia

ingredienti

- 120 g di panna di soia
- 250 g QuimiQ naturale (1 confezione, in alternativa 180 g Rama Cremefine per Ko)
- 1 cucchiaio di sciroppo di riso
- 2 cucchiaini di granuli di stevia
- 2 cucchiai di whisky (o brandy o rum)
- 1/4 di cucchiaino di vaniglia Bourbon in polvere
- 1 tazza/e di espresso piccolo (addolcito con 1/2 cucchiaino di granuli di stevia)

Per decorare:

- Chicchi Di Caffè Al Cioccolato

Preparazione

1. Per il caffè sognate la panna montata di soia e fate raffreddare. Quindi montare il QuimiQ, lo sciroppo di riso, la stevia, il whisky e la vaniglia fino a ottenere una schiuma. Quindi aggiungere il caffè e mescolare bene con il frullatore a un livello basso.
2. Mescolare con panna montata di soia, riempire gli stampini e mettere in frigorifero per 1 o 2 ore.
3. Decorate con una spruzzata di panna montata di soia e un chicco di caffè al cioccolato.
4. Cospargere il Coffee Dream con cannella a piacere.

63. Cappuccino allo zabaione di Pasqua

ingredienti

- 1 uovo di cioccolato (vuoto, grande)
- 1 espresso (doppio)
- 125 ml di latte
- 1 bicchierino di liquore all'uovo
- Gocce di cioccolato (facoltativo)

Preparazione

1. Per il cappuccino al liquore all'uovo di Pasqua, avvolgere prima l'uovo a metà nel foglio di alluminio. Staccare con cautela il cappuccio in alto. Mettere l'uovo in una tazza adatta (preferibilmente una tazza da cappuccino).

2. Preparate al momento il doppio espresso. Poco prima di servire, montate il latte in una schiuma di latte consistente. Versate ora velocemente nell'uovo di cioccolato prima l'espresso, poi un po' di latte con schiuma di latte e il liquore all'uovo.
3. Guarnire a piacere il cappuccino al liquore all'uovo di Pasqua con gocce di cioccolato.

64. Angoli del caffè

ingredienti

- 170 g di burro
- 80 g di zucchero semolato fine
- 1 tuorlo (o 1 albume)
- 10 g di zucchero vanigliato
- 1 pizzico di sale
- 250 g di farina di frumento (liscia)
- Burro al caffè (per farcire)
- Eventualmente un po' di fondente (per decorare)

- Confettura di albicocche o ribes (per spennellare)
- Eventualmente glassa al cioccolato

Preparazione

1. Lavorare velocemente tutti gli ingredienti in un impasto, mettere in frigorifero solo brevemente se necessario.
2. Stendere la pasta ad uno spessore di ca. 2 mm e ritagliate i biscotti con un tagliapasta. Puoi anche ritagliare dei cerchi e tagliarli in 4 quarti con un coltello.
3. Mettere le fette a forma di ventaglio risultanti su una teglia preparata e cuocere a 165 ° C per circa 12-15 minuti.
4. Quando è freddo, unire 2 scomparti con la crema al burro, ricoprire il coperchio con la marmellata, glassare con il fondente e, una volta raffreddato, decorare con la glassa spray.
5. Magari decorare con chicchi di caffè al cioccolato o perle d'argento.

65. Gelato al caffè su stecco

Ingrediente

- 480 ml caffè (a seconda delle dimensioni degli stampini)
- un po' di zucchero (se necessario)

Preparazione

1. Per il gelato su stecco, preparate prima il caffè come di consueto. Se lo si desidera, addolcire con lo zucchero e assicurarsi che lo zucchero si sciolga completamente.
   Lasciar raffreddare un po'.

2. Versate il caffè negli stampini per ghiaccioli. Congelare per diverse ore.
3. Prima di togliere il gelato dallo stecco, tieni brevemente gli stampini sotto l'acqua tiepida in modo che il gelato si sciolga più facilmente.

67. Tartufo cappuccino

ingredienti

- 100 g di cioccolato fondente
- 150 g di cioccolato moka
- 60 ml di caffè (caffè turco)
- 65 ml di panna montata
- ½ cucchiaio di burro (morbido)
- 1 pizzico di zucchero (fine cristallo)

Preparazione

2. Per i tartufi al cappuccino, rompere il cioccolato a pezzetti e scioglierli a vapore.

3. Mescolare il cioccolato fuso con il burro a temperatura ambiente, il caffè e la panna montata.
4. Lasciar raffreddare un po'.
5. Non appena la massa si sarà raffreddata, separare da essa dei pezzetti e formare delle palline di pralinato. Se ti inumidisci le mani nel frattempo, arrotolare è molto più facile.
6. Se vi piace, rotolate i tartufi cappuccino nello zucchero, nel set di cocco, nella granella di noci o pistacchi tritati e adagiateli in graziosi stampini per praline.

68. Torta al caffè semplice

ingredienti

- 150 g di burro (fuso)
- 200 g di zucchero
- 1 uovo
- 250 ml caffè (nero)
- 400 g di farina (liscia)
- 1 bustina di lievito per dolci
- 1 bustina di zucchero vanigliato
- un po' di scorza di limone (a piacere)

Preparazione

1. In una grande ciotola, mescolare il burro riscaldato, lo zucchero e l'uovo fino a renderlo spumoso. Incorporate poi la farina mischiata con il lievito, lo zucchero vanigliato, la scorza di limone e il caffè.
2. Versare l'impasto in una teglia unta o foderata di carta da forno (scatola, ciambellone o tortiera, o teglia, a piacere).
3. Infornare a ca. 175°C (forno ventilato) per almeno 45 minuti, poi controllare ed eventualmente cuocere per altri 10 minuti.

69. Caffè freddo

ingredienti

- 1 litro di panna montata
- 1 pc. Baccello di vaniglia
- 200 g di caffè moka (molto bruciato e grattugiato)
- 8 pz. Tuorli d'uovo
- 400 g di zucchero a velo
- Panna montata (e bastoncini cavi per guarnire)

Preparazione

1. Per il caffè freddo, far bollire prima la panna montata con la vaniglia e mescolarla con la moka appena grattugiata. Dopo che questo composto avrà riposato per 20 minuti, i tuorli d'uovo vengono sbattuti con lo zucchero a velo fino a ottenere una schiuma e poi amalgamati al composto di crema di caffè scolata a fuoco più basso.
2. La massa ottenuta viene fortemente raffreddata e dopo averla congelata, servire il caffè ghiacciato in bicchieri alti con panna montata e bastoncini cavi.

70. Banana con caffè al cioccolato

ingredienti

- 2 cucchiai di succo di limone
- 1 cucchiaio di zucchero
- 1 pizzico di polpa di vaniglia
- 1 banana
- 2 cucchiai di sciroppo di cioccolato
- 400 ml di caffè caldo appena fatto
- 150 ml di latte
- cacao in polvere per spolverare

Fasi di preparazione

1. Portare a bollore il succo di limone con lo zucchero, la vaniglia e 100 ml di acqua in una casseruola. Sbucciare e tagliare a cubetti la banana. Versate nella casseruola, fate sobbollire per 1-2 minuti e togliete dal fuoco. Lasciar raffreddare leggermente, quindi versare in 4 bicchieri.
2. Mescolare lo sciroppo con il caffè e versare con cura sulle banane tranne 2 cucchiai. Scaldare il resto del caffè con il latte e mescolare fino a ottenere una schiuma. Versare sopra il caffè e servire spolverato con un po' di cacao.

71. Caffè irlandese

ingredienti

- 100 ml di whisky irlandese
- 4 tazze di caffè caldo
- 3 cucchiai di zucchero di canna
- 100 g di panna montata
- zucchero grezzo per guarnire

preparazione

1. Scaldare bene il caffè, il whisky e lo zucchero mescolando e sciogliere lo zucchero, quindi versare in bicchieri di vetro preriscaldati.
2. Montare leggermente la panna e servire come cappa sul caffè, spolverizzata con un po' di zucchero di canna.

72. Tartine al caffè e noci

ingredienti

- 150 g di farina
- 50 g di cacao in polvere (leggermente disciolto)
- 50 g nocciole (macinate)
- 1 cucchiaino di lievito in polvere
- sale
- 2 uova (taglia M)
- 150 grammi di zucchero
- 2 cucchiaini di caffè (solubile, circa 10 g)
- 6 cucchiai di birra di colza
- Zucchero a velo (per spolverare)

Preparazione

1. Per i bocconcini al caffè e noci, preriscaldare il forno a 180°C. Rivestire due teglie con carta da forno. Mescolate in una ciotola la farina, il cacao in polvere, le nocciole tritate, il lievito e un pizzico di sale.
2. In una ciotola capiente, sbattere le uova, lo zucchero, il caffè istantaneo e l'olio di colza con la frusta della frusta a mano fino ad ottenere un composto spumoso. Aggiungere gli ingredienti secchi cucchiaio alla volta e impastare il tutto velocemente fino a formare un impasto.
3. Con un cucchiaino prelevate le porzioni di pasta della grandezza di una noce e con un secondo cucchiaino mettetele a pila sulla teglia, lasciando un po' di spazio.
4. La scanalatura del caffè morde nel forno (al centro). Infornare per 12-13 minuti per piatto. Sfornare, togliere dalla teglia con la carta da forno e lasciar raffreddare su una gratella. Spolverare con zucchero a velo.

73. Tiramisù alla Nutella e lamponi

ingredienti

- 250 g di lamponi
- 250 ml di panna montata
- 3 uova (fresche)
- 500 g di mascarpone
- 24 savoiardi
- 250 ml di caffè (forte)
- 350 gNutella
- Cacao in polvere (per spolverare)
- Lamponi (per la decorazione) **Preparazione**

1. Preparare il caffè e lasciarlo raffreddare un po'.

2. Lavate e frullate i lamponi.
3. In una ciotola montate a neve la panna montata, in un'altra mescolate le uova fino a renderle spumose. Aggiungere la panna montata e il mascarpone, mescolare con cura.
4. Immergete i savoiardi nel caffè e ricoprite il fondo di una pirofila (es. casseruola). Mescolate il resto del caffè con la Nutella.
5. Spalmate la crema al mascarpone sui biscotti, quindi versateci sopra la crema alla Nutella e la purea di lamponi. Procedete in questo ordine fino ad esaurimento degli ingredienti (finite con la crema al mascarpone).
6. Raffreddare il tiramisù per almeno 2 ore.
7. Spolverare con cacao amaro e decorare con lamponi prima di servire.

74. Tiramisù alla banana e cagliata

ingredienti

- 250 ml di caffè (forte)
- 1 bicchierino di rum (facoltativo)
- 200 ml di panna montata
- 250 g di ricotta
- 400 g di mascarpone
- 50 g di zucchero a velo (o a piacere)
- 4 banane
- 200 g di savoiardi
- Cacao in polvere (per spolverare)

preparazione

1. Portare a bollore il caffè, farlo raffreddare un po' e mantecare con un goccio di rum.

2. In una ciotola montate a neve ferma la panna montata. Unire la ricotta, il mascarpone e lo zucchero a velo. Sbucciare e affettare le banane.
3. Immergete i savoiardi nella miscela di caffè e rum e adagiateli in una teglia. Coprire con uno strato di crema al mascarpone, guarnire con fettine di banana e savoiardi. Continuare a dimensionare fino ad esaurimento degli ingredienti (finire con uno strato di crema al mascarpone).
4. Lasciare raffreddare per almeno 2 ore e spolverare con cacao amaro prima di servire.

75. Torta di manioca con caffè e cocco

ingredienti

- 3 tazze di manioca cruda (manioca) in un robot da cucina
- 3 tazze di tè allo zucchero
- 3 cucchiai di burro
- tazza di caffè Santa Clara colato
- tazza di latte
- 3 albumi d'uovo
- 3 gemme
- $\frac{1}{2}$ tazza di parmigiano grattugiato
- 100 grammi di cocco grattugiato
- 1 cucchiaio di lievito per dolci
- 1 pizzico di sale

Preparazione

1. Mettere la manioca nel frullatore, metterla in un canovaccio, strizzarla bene e scartare il latte. Stendere l'impasto in uno stampo e mettere da parte. In un mixer elettrico, sbattere lo zucchero e il burro. Quando sarà biancastro, aggiungete i tuorli, il formaggio grattugiato, il caffè e il latte. Sbattere fino a quando tutti gli ingredienti sono ben incorporati. Aggiungere la massa di manioca e

il cocco. Mescolare con una spatola. Infine il lievito e gli albumi a neve, mescolando con una spatola. Infornare in una teglia unta a scelta in forno preriscaldato a 180 gradi per circa 40 minuti o fino a quando la superficie non sarà dorata.

76. Busserln . del caffè

ingredienti

- 4 pezzi di albume (120 g)
- 1 confezione di wafer (diametro 40 mm)
- 4 cucchiai di moka
- 200 g di zucchero a velo (zucchero a velo)

Preparazione

2. Separare le uova per le scaglie di caffè. Mescolare l'albume, lo zucchero e la moka e sbattere bene a bagnomaria. Togliere dal bagnomaria e continuare a battere fino a quando la massa si è raffreddata.
3. Sistemare le cialde su una teglia foderata con carta da forno e applicare il composto in piccole porzioni sulle cialde utilizzando un sacco riempito di pelle. Lascia un piccolo bordo del wafer attorno alla massa: i panini si staccheranno comunque durante la cottura. Se non hai le cialde in casa, puoi applicare il Busserl direttamente sulla carta da forno.
4. Infornare i chicchi di caffè a circa 150°C per circa 30 minuti.

77. Waffle espresso e pinoli

ingredienti

- 50 g di pinoli
- 2 cucchiaini di caffè espresso in grani
- 125 g di burro (morbido)
- 100 g di zucchero
- 1 bustina di zucchero vanigliato bourbon
- 3 uova (taglia M)
- 250 g di farina di frumento
- 1 cucchiaino di lievito per dolci
- 75 g di panna montata
- 1/8 espresso (appena preparato, raffreddato)

- 1 pizzico di sale
- Grasso (per la piastra per cialde)

Preparazione

1. Per le cialde di pinoli espresso, tostare i pinoli in una padella fino a doratura e lasciarli raffreddare un po'. Tritare finemente i chicchi di caffè espresso con un coltello affilato.
2. Sbattere il burro, 50 g di zucchero e lo zucchero vanigliato fino a ottenere un composto spumoso. Separare le uova. Incorporate i tuorli d'uovo alla crema di burro e zucchero. Mescolare la farina, il lievito ei pinoli e amalgamarli alternandoli con la panna montata, l'espresso e i chicchi di caffè espresso.
3. Montare gli albumi con il sale e lo zucchero rimanente fino a ottenere un composto denso e cremoso e incorporare.
4. Preriscaldare la piastra per cialde, ungere sottilmente le superfici di cottura. Mettere circa 2 cucchiai di pastella al centro della superficie di cottura inferiore e chiudere la piastra per cialde. Cuocere i waffle per ca. 2

minuti fino a quando diventano croccanti e di colore marrone chiaro.
5. Le cialde al caffè espresso e pinoli Sfornare, adagiare su una gratella e procedere allo stesso modo con il restante impasto.

78. Biscotti per tazzine da caffè

ingredienti

- 50 g di burro
- 150 g di farina
- 2 cucchiai di cacao
- 1 pizzico di lievito per dolci

- 50 g di zucchero a velo
- 1 pizzico di sale
- 1 pz uovo
- 2 cucchiai di caffè (forte)

Preparazione

1. Per i biscotti al caffè, tagliare il burro a pezzetti. Setacciare la farina, il lievito e il cacao. Mescolare tutti gli ingredienti con sale e zucchero a velo, sbattere l'uovo e unire il caffè e impastare velocemente fino ad ottenere un impasto liscio. Fate riposare in frigorifero per circa 1 ora.
2. Stendere l'impasto su un piano infarinato e ritagliare i cuori con un tagliabiscotti a tazza disponibile in commercio e adagiarli su una teglia foderata con carta da forno.
3. Cuocete i biscotti al caffè in forno preriscaldato a 180°C per circa 10 minuti.

79. Torta di gelatina marmorizzata al

cappuccino

ingredienti

- 125 g di burro
- 150 grammi di zucchero
- 4 uova
- 1 bustina di zucchero vanigliato
- 1 pizzico di sale
- 250 g di farina (liscia)
- 1/2 confezione di lievito per dolci
- 2 cucchiai di latte
- 4 cucchiai di cappuccino in polvere
- Zucchero a velo (per spolverare)
  Preparazione

1. Per l'ugelhupf marmorizzato al cappuccino, sbattere prima il burro fino a renderlo spumoso. Mescolate metà dello zucchero insieme al tuorlo d'uovo e allo zucchero vanigliato separatamente fino ad ottenere un composto spumoso. Mescolare entrambe le masse.
2. Setacciare la farina con il lievito. Montate a neve ben ferma gli albumi con lo zucchero rimasto con un pizzico di sale. Mescolare con cura in entrambi alternativamente.
3. Trasferire metà dell'impasto in una seconda ciotola. Mescolare il cappuccino in polvere con il latte fino a quando non si vedono più grumi. Incorporare metà della pastella.
4. Imburrate e infarinate uno stampo a ciambella (o cospargetelo di pangrattato). Versare prima la massa chiara, poi la massa scura e passarci attraverso con un bastoncino per creare una marezzatura.
5. Infornare a 150°C in forno preriscaldato per circa 50 minuti.
6. Sformare la torta di gelatina marmorizzata al cappuccino e cospargere di zucchero a velo.

80. Caffè all'avocado in un bicchiere

ingredienti

- 4 avocado (piccoli, maturi)
- 4 cucchiai di latte di mandorle (dolce)
- 4 cucchiaini di semi di chia
- 1 pizzico di cannella in polvere
- 200 g di yogurt (10% di grassi)
- 600 ml di caffè

Preparazione

1. Tagliare a metà gli avocado, togliere il nocciolo e togliere la polpa dalla buccia.

2. Frullate con il latte di mandorle ei semi di chia e condite con la cannella.
3. Dividere il composto di avocado in 4 bicchieri maneggiati. Metti lo yogurt sopra e versa lentamente il caffè appena fatto (preferibilmente dalla macchina completamente automatica) sul dorso di un cucchiaio.
4. Metti una cannuccia e servi.

SPUNTINI

81. Fette di crema

ingredienti

- 1 cucchiaio di burro
- 3 cucchiai di zucchero
- 200 g di panna montata
- 200 ml di latte
- Pane bianco (del giorno precedente)

preparazione

1. Caramellare 1 cucchiaio di burro e 3 cucchiai di zucchero in una padella.
2. Quindi versare la panna montata e il latte. Portare a bollore finché lo zucchero non si sarà sciolto.
3. Tagliate il pane a fette e tostatelo in poco burro chiarificato su entrambi i lati fino a doratura. Mettere le fette di pane in una ciotola e versarvi sopra il composto di latte e zucchero.
4. Disporre ben caldo su un piatto e servire con caffè o vino dolce (Trockenbeerenauslese).

82. Torta di frutta

ingredienti

- 150 g di burro
- 100 g di zucchero a velo
- 3 tuorli d'uovo
- 2 albumi d'uovo
- 50 g di zucchero semolato
- 180 g di farina (liscia)
- 4 g di lievito per dolci
- 100 ml di latte
- 100 g di uvetta
- 50 g di scorza di limone (tritata)
- 50 g di aranzini (tritati)

- 50 g di cioccolato da cucina (tritato)
- Vaniglia (o altri zuccheri)
- Scorza di limone (grattugiata)
- sale

Preparazione

1. Mescolare il burro con lo zucchero a velo, un pizzico di sale, la polpa di vaniglia o lo zucchero e la scorza di limone grattugiata fino ad ottenere una schiuma. Incorporare gradualmente i tuorli d'uovo. Montare gli albumi con lo zucchero semolato per fare la neve. Incorporare al composto di burro. Mescolare la farina con il lievito, unire al composto e versare il latte. Unire l'uvetta, la scorza di limone, gli aranzini e il cioccolato. Verscre il composto in uno stampo da gugelhupf precedentemente imburrato e spolverato di farina. Cuocere in forno preriscaldato a 160°C per circa 55 minuti.

83. Muffin alla caipirinha

ingredienti

- 300 g di farina
- 1 1/2 cucchiaini di lievito per dolci ☐ 1/2 cucchiaino di bicarbonato di sodio ☐ 1 n.
- 300 g di yogurt (naturale)
- 150 grammi di zucchero
- 100 ml di olio
- 4 lime
- 50 ml di rum (bianco o cachaca)
- 50 g cioccolato (bianco)
- 1 cucchiaio di rum (bianco)
- un po' di grasso (per la forma) **Preparazione**

2. Per i muffin alla caipirinha, mescolare prima la farina con il lievito e il bicarbonato.
3. Preriscaldare il forno a 200°C.
4. Mescolate in una ciotola l'uovo, lo yogurt e lo zucchero. Lavate bene i lime, strofinate la buccia e strizzateli.
5. Mescolate il succo e la scorza di 3 lime con il rum bianco. Aggiungere la miscela di farina e mescolare fino a quando non diventa umido. Imburrate i 12 pirottini da muffin e versateci l'impasto. Cuocere i muffin per circa 25-30 minuti. Spremete un altro mezzo lime e ricavate delle striscioline sottili dalla buccia.
6. Tagliare il cioccolato a pezzi e farlo sciogliere. Unire il succo e il rum e spalmare sui muffin ancora caldi.

84. Palline energetiche al cocco e mango

ingredienti

- 100 g Mango Seeberger (frutta secca)
- 200 g di datteri Seeberger (denocciolati)
- 75 g di miscela di sentiero Seeberger
- 70 ml di acqua
- 2 cucchiai di scaglie di cocco ☐ Per il rotolamento:
- 2 cucchiai di scaglie di cocco **preparazione**

1. Per le palline energetiche al cocco e mango, portare l'acqua a ebollizione.
2. Unire tutti gli ingredienti e frullare finemente in un frullatore. A seconda della

consistenza desiderata, si può aggiungere un po' più di acqua.
3. Inumiditevi le mani e formate con l'impasto delle palline della stessa grandezza.
4. Quindi rotolare nelle scaglie di cocco.
5. Raffreddare in frigorifero per qualche ora.

85. Porridge di fiordaliso e margherita

ingredienti

- 1 mela (piccola)
- 12 cucchiai di farina d'avena
- 400 ml di latte
- 3 cucchiaini di miele
- 6 cucchiaini di fiori di fiordaliso (essiccati)
- 2 cucchiai di margherite

Preparazione

1. Sbucciare la mela, togliere il torsolo e strofinare sul lato grosso della grattugia.

2. Mettere la mela grattugiata, i fiocchi d'avena e il latte in una casseruola e cuocere a fuoco lento mescolando fino a quando il porridge non avrà la consistenza desiderata.
3. Aggiungete il miele ei fiori di fiordaliso e mescolate. Riempite le ciotole e cospargete con le margherite.

86. Budino di colomba con caffè

ingredienti

- 6 fette di colomba tritata
- 150 ml di Premium 3 Hearts Coffee preparato con 150 ml di acqua e 2 cucchiai di caffè
- 100 ml di succo d'arancia
- 1 cucchiaio di scorza d'arancia
- 1 cucchiaio di burro in unguento
- Cannella in polvere a piacere
- 1 cucchiaio di zucchero semolato con cannella a piacere

Preparazione

1. Mettere i pezzi di colomba in una ciotola. Aggiungere il caffè, il burro, il succo d'arancia e la scorza. Infine aggiungete la cannella.
2. Amalgamare bene e mettere il tutto in una tortiera foderata con carta da forno. Spolverare lo zucchero con la cannella prima di metterla in forno preriscaldato (180°C) per 40 minuti.

87. Panino con burro di arachidi e caffè

espresso **ingredienti**

- 1 bicchiere da 200 grammi di burro di arachidi
- 1 tazza di caffè espresso (o colato forte)
- 1 bicchiere di gelatina di frutti rossi
- Fette di pane a scelta

Preparazione

1. Spalmare il burro di arachidi con il caffè nel robot da cucina.
2. Preparate il panino spalmando su una fetta il burro di arachidi e il caffè e sull'altra la

marmellata di frutti di bosco. Aggiungi le fette a un panino e il gioco è fatto!

88. Torta dolce al latte e caffè

Ingredienti (impasto)

- 200 grammi di biscotto di amido di mais tritato
- 100 grammi di burro
- ½ tazza di caffè Pimpinela Golden caldo colato
- 1 cucchiaino di lievito chimico

Preparazione

1. Preriscaldare il forno a 180°.

2. Sciogliere il burro nel caffè e incorporarlo gradualmente al biscotto tritato già mescolato al lievito. Foderare un cerchio rimovibile (20 cm di diametro) ad un'altezza di 1/2 cm. Infornare per 30 minuti.
3. Sfornate e aspettate che si raffreddino.

89. Barretta di arachidi al cioccolato

Ingrediente

- 250 grammi di cioccolato ho mescolato cioccolato al latte e fondente
- 400 grammi di farina
- 1 cucchiaino di lievito per dolci
- Spezzettare 250 grammi di burro
- Farina d'avena 300 grammi
- 100 grammi di zucchero di canna
- 100 grammi di noci salate e tritate, preferibilmente un composto
- 2 uova piccole

Per la crema

- 80 grammi di burro di arachidi croccante
- Latte condensato 200 ml
- 200 ml di latte di fanciulla dolce e cremoso di latte condensato

Preparazione

1. Tritare due tipi di cioccolato: non troppo fine, non troppo grossolano. Usa il lievito e il burro per trasformare la farina in un impasto fragile. Aggiungere la farina d'avena, lo zucchero di canna e le noci tritate e mescolare il tutto.
2. In una seconda ciotola mettete una parte del pangrattato (circa un quarto) con il cioccolato tritato. Non hai più bisogno di questa miscela.
3. Unite le uova alle briciole rimaste, amalgamate il tutto e ponete l'impasto in una teglia foderata con carta da forno come base. Spingere verso il basso con decisioneAppoggiare un piccolo mattarello su di esso in modo che tutto sia uniforme e liscio. Infornare l'impasto a 180° su e giù per circa 15 minuti.
4. Mescolare il latte condensato e il latte condensato zuccherato con il burro di

arachidi. Potrebbe non essere necessario mescolare il normale latte condensato con un latte da cameriera leggermente grassoccio. Tuttavia, i risultati migliori sono stati ottenuti in termini di consistenza e gusto.

5. Versate il composto di arachidi e latte in una base appena sfornata e leggermente fredda. È relativamente fluido! Cospargete il composto restante di pastella e cioccolato sul crumble, premete leggermente e infornate per circa 20 minuti. Trovare il momento giusto per rimuovere non è facile. È meglio toglierlo dal forno un po' più velocemente. Perché fa freddo e tutto diventa più difficile. Taglialo in una barra o in un quadrato e divertiti!

90. Biscotti al caffè

ingredienti

Per l'impasto:

- 160 g di farina
- 80 g di zucchero a velo
- 80 g di noci
- 1 figlia
- 1 cucchiaio di rum
- 120 g di burro
- 2 cucchiai di caffè (forte) *Per la crema:*

- 80 g di burro (morbido)

- 80 g di zucchero a velo ☐ 2 cucchiai di caffè (forte)
- 1 cucchiaio di rum Per la glassa:
- 70 g di zucchero a velo
- 2 1/2 cucchiai di caffè
- 1 goccia di olio (olio di cocco)

preparazione

1. Lavorare tutti gli ingredienti in un impasto e mettere in frigorifero per 1 ora.
2. Stencere la pasta e ritagliare dei cerchi e infornare a 175°C per circa 8 minuti.
3. Per la crema sbattere il burro con lo zucchero fino a renderlo spumoso e poi incorporare lentamente il rum e il caffè.
4. Farcire i biscotti raffreddati con la crema.
5. Per la glassa, amalgamare il tutto fino ad ottenere una massa spalmabile.
6. Spennellare i biscotti al caffè con la glassa e decorare con un chicco di moka.

91. Glassa al caffè

ingredienti

- 250 g di zucchero a velo
- acqua calda
- caffè ridotto
- 1 cucchiaio di latte **preparazione**

1. Per la glassa al caffè, far bollire il caffè e farlo ridurre lentamente in un pentolino fino a formare una massa viscosa. Questo conferisce alla glassa il suo bel colore marrone moka.
2. A questo punto, unire lentamente l'acqua e il caffè allo zucchero a velo setacciato fino a

ottenere un composto liscio e liquido. Infine unire il latte alla glassa al caffè.

92. Caffè Busser

ingredienti

- 4 pezzi di albumi (120 g)
- 1 confezione di waffle (diametro 40 mm)
- 4 cucchiai di moka
- 200 g di zucchero a velo (zucchero a velo) **preparazione**

1. Separare le uova per le scaglie di caffè. Mescolare l'albume, lo zucchero e la moka e sbattere bene a bagnomaria. Togliete dal bagnomaria e continuate a sbattere finché il composto non si sarà raffreddato.
2. Disporre i waffle su una teglia foderata di pergamena e applicare il composto in piccole porzioni sui waffle utilizzando un sacchetto di riempimento della pelle. Lascia un piccolo bordo della cialda attorno alla massa: i panini si staccheranno comunque durante la cottura. Se non hai i waffle in casa, puoi applicare il Busserl direttamente sulla carta da forno.
3. Cuocere i chicchi di caffè a ca. 150°C per ca. 30 minuti.

93. Biscotti Moka

ingredienti

Impasto Moka:

- 125 g di burro □ 90 g di zucchero □ 1 n.
- 110 g di farina
- 60 g di nocciole (macinate)
- 2 cucchiai di caffè istantaneo in polvere

Smalto:

- 125 g di zucchero a velo
- 2 cucchiaini di caffè istantaneo in polvere
- 3-4 cucchiai di acqua

preparazione

1. Per i biscotti alla moka, incorporare il burro e lo zucchero fino a ottenere una schiuma, quindi incorporare l'uovo.
2. Unire la farina e le nocciole. Sciogliere il caffè in poca acqua e mantecare. Adagiare sulla teglia dei mucchietti con 2 cucchiaini e infornare per 8-10 minuti a 200°.
3. Lascia raffreddare. Mescolare lo zucchero a velo con il caffè e l'acqua fino a ottenere una glassa. Mettere una cucchiaiata di glassa su ogni biscotto e decorare con una fava di moka.

94. Espresso-Brownie

ingredienti

- 500 g di cioccolato amaro
- 75 ml di caffè espresso (appena cotto)
- 300 g Burro
- 500 g di zucchero (marrone)
- 6 uova (temperatura ambiente e medie)
- 250 g Mehl
- 2 pizzichi di sale
- 4 cucchiai di caffè espresso in grani (intero)
- Burro (per la teglia)
- Farina (per la teglia)

preparazione

1. Per i brownies all'espresso, tritare il cioccolato. Portare a bollore l'espresso, il burro e lo zucchero e mettere da parte. Unire 400 g di cioccolato e farlo sciogliere. Quindi lasciate raffreddare per circa 10 minuti. Preriscaldare il forno a 180°C. Ungere una teglia e spolverare di farina.
2. Incorporare 1 uovo dopo l'altro al composto di cioccolato per ca. 1 minuto. Unire la farina, il sale e il resto del cioccolato. Stendere

l'impasto sulla teglia e cospargere con i chicchi di caffè espresso. Infornare a 160°C per circa
3. 25 minuti.
4. Fate raffreddare e tagliate a pezzi grossi i brownies al caffè.

95. Liquore al caffè con vaniglia

ingredienti

- 75 g di caffè in grani
- 175 g di zucchero candito
- 2 baccelli di vaniglia

- 700 ml di rum marrone (40% vol.)

preparazione

1. Per il liquore al caffè, mettete i chicchi di caffè in un sacchetto da freezer e schiacciateli con un martello, ma senza macinarli.
2. Versare lo zucchero di canna e le fette baccelli di vaniglia in una bottiglia pulita e bollita. Versateci sopra il rum e chiudete molto bene la bottiglia.
3. Riponete il liquore in freezer per 1 settimana e agitate energicamente ogni giorno. Filtrare con un colino fine e versare nuovamente in una bottiglia. Conservate il liquore al caffè in un luogo fresco e poi conservatelo per 2-3 mesi.

96. Crema di castagne su caffè speziato

ingredienti

- 200 g di purea di castagne (o riso alle castagne)
- 200 ml di panna montata
- 100 ml di latte
- 24 g di zucchero a velo **preparazione**

1. Per la crema di castagne, mescolare bene tutti gli ingredienti fino a quando lo zucchero a velo si sarà sciolto e si sarà formato un composto cremoso.

2. Versare il composto in un sifone iSi da 0,5 L, avvitare un caricatore per panna iSi e agitare energicamente. Raffreddare in frigorifero per 1-2 ore.
3. Aggiungere 1 cucchiaino di zucchero vanigliato, ½ cucchiaino di scorza d'arancia e un pizzico di cannella, zenzero e cardomo ciascuno in una tazza. Versare sopra il caffè appena fatto. Servire caldo con il condimento e gustarlo subito

97. Cake pop al caffè

ingredienti

- 160 g di mascarpone

- 1 cucchiaio di espresso
- 1 cucchiaino di liquore al caffè
- 150 g di savoiardi (finemente sbriciolati)
- 110 g di copertura (bianca)
- qualche goccia d'olio
- 50 g di copertura (scura)

preparazione

1. Per i cake pops al caffè, mescolare prima il mascarpone con il caffè e il liquore al caffè. Incorporate poi le briciole di biscotto in modo da formare una massa solida che si può facilmente modellare in palline e non si attacca alle mani. Stendete delle palline della stessa dimensione e mettete in frigo per circa mezz'ora.
2. Nel frattempo fate sciogliere a bagnomaria la copertura bianca con qualche goccia d'olio. Immergete i gambi a un'estremità e inseriteli nelle palline. Mettere in luogo fresco fino a quando il cioccolato non si sarà ben asciugato.
3. Quindi glassare i cake pops con la copertura leggera, rigirandoli continuamente. Far

raffreddare ancora per circa mezz'ora in modo che la glassa si asciughi bene.

4. Nel frattempo fate sciogliere la copertura scura con un filo d'olio. Scolare la parte superiore dei cake pops e lasciare che i cake pops al caffè si asciughino nuovamente in un luogo fresco prima di mangiarli.

98. Caffè freddo con anice e liquirizia

ingredienti

- 6 capsule Nespresso
- 1 cucchiaino di semi di anice (piccoli; macinati)

- 1 bastoncino/i di liquirizia ▢ 1 cucchiaio di miele ▢ 7 foglie di menta (fresca)
- Materiale del cubo di ghiaccio:
- 2 glassa all'acqua (110 ml)
- 1 bicchieri

preparazione

1. Prepara 6 espressi con il caffè Nespresso che preferisci.
2. Mettere gli espressi insieme ai semi di anice macinati, al pezzo di radice di liquirizia in due pezzi e al miele in una caraffa di vetro fredda. Lascia in infusione per 10 minuti.
3. È meglio mettere la brocca in un secchio con cubetti di ghiaccio per raffreddare la miscela.
4. Versare nelle coppette ghiacciate e decorare con foglie di menta fresca, mezza radice di liquirizia e qualche cubetto di ghiaccio.

99. Rotolo al caffè

ingredienti

- biscotto

Per il ripieno:

- 125 ml di caffè ☐ 125 ml di acqua
- 100 g di zucchero semolato
- 50 g di farina
- 1 bustina di zucchero vanigliato
- 1 goccio di liquore al caffè (a piacere)
- 1 tuorlo d'uovo
- 250 g di burro (temperatura ambiente)
preparazione

1. Per l'involtino al caffè, preparate prima il pan di spagna secondo la ricetta base. Dopo la cottura, arrotolare con un canovaccio pulito e asciutto e lasciare raffreddare.
2. Nel frattempo mescolate tutti gli ingredienti per la crema e portate a bollore in un pentolino, sempre mescolando, e fate addensare fino a quando la crema avrà la consistenza di un budino. Toglietela dal fuoco e fatela raffreddare. Quindi mantecare con il burro.
3. Stendete di nuovo con cura il pan di spagna, spalmateci sopra la crema e arrotolate nuovamente l'involtino.
4. Servire l'involtino al caffè.

100. Budino al caffè

ingredienti

- 1/2 litro di latte (1%)
- 1 bustina di budino alla vaniglia in polvere
- Perdi 1 cucchiaio di caffè
- 2 cucchiai di rum
- Dolcificante (se necessario)

preparazione

1. Per il budino al caffè, mescolare il budino in polvere con un po' di latte.
2. Portare a bollore il resto del latte, unire il caffè, il rum e il dolcificante. Portare a bollore il budino misto e versare nelle coppette da dessert.

CONCLUSIONE

Sono ricette affascinanti e diverse che aiuteranno gli amanti del caffè con il loro sapore incredibile e sorprendente che sta diventando sempre più diffuso nella vita di tutti i giorni. Scegli il tuo preferito e mangia bene!

www.ingramcontent.com/pod-product-compliance
Lightning Source LLC
Chambersburg PA
CBHW050026130526
44590CB00042B/1956